AF248205

APERÇUS

FINANCIERS, ADMINISTRATIFS ET POLITIQUES

ADRESSÉS

A L'ASSEMBLÉE NATIONALE.

Citoyens Représentants,

Dans une nation démocratique, la loi doit tendre sans sesse à diminuer les inégalités de fortune; pour y parvenir elle doit, d'abord, faciliter au citoyen pauvre les moyens d'acquérir par son industrie, en l'imposant très-peu et en protégeant son travail, et faire peser ensuite les charges publiques, dans une plus forte proportion, sur les citoyens opulents : La théorie de l'*impôt proportionnel aux facultés* est donc une chose juste : vous venez de la consacrer, Citoyens Représentants, par l'article 15 de la Constitution; elle doit atteindre toutes les facultés du contribuable et frapper principalement sur le superflu des personnes riches. Cette nécessité que j'ai déjà démontrée en 1835 à la chambre des députés et au ministre des finances, doit être aujourd'hui remise au jour. Les principes de la République ne sont pas de tout sacrifier à l'aristocratie financière, comme le faisait la monarchie, qui ne donnait raison qu'à l'égoïsme, et ce projet, dont le gouvernement de Juillet n'a pas fait cas, recevra, je m'en flatte, sous un régime humanitaire dont la solidarité est une conséquence, la faveur de l'examen.

1849

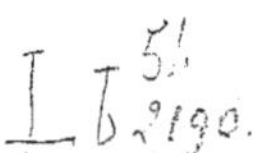

Je repousse comme utopie ce prétendu système social, connu sous le nom de communisme, qui me paraît aussi injuste qu'absurde. Mon système protège nécessairement la famille et la propriété, répartit équitablement l'impôt et fait rentrer dans les mains du gouvernement les établissements productifs fondés sur la chose publique, qui n'auraient jamais dû être livrés à la cupidité des sociétés financières.

Je n'ai pas la prétention d'indiquer un système de finances complet, mais j'ai pensé que cet Aperçu de quelques réformes financières à opérer, pouvait présenter des idés utiles, entre autres, celle de l'assiette de l'impôt proportionnel aux facultés, conforme aux droits de l'humanité. J'ai été surtout conduit à reproduire ce travail, en voyant établir des taxes spéciales sur certaines valeurs mobilières qui en gênent la transmission et les déprécient. Je pense que c'est précisément ce qu'il faut éviter, et c'est pour cela que je propose le moyen ci-après, qui offre à la nation des ressources suffisantes pour équilibrer les recettes avec les dépenses. Ce mode aurait l'avantage de pouvoir, lorsque des circonstances extraordinaires l'exigeraient, faire augmenter temporairement les impôts sur des bases équitables.

L'impôt foncier doit rester proportionnel au revenu territorial.

La cote personnelle, égale à 3 journées de travail, doit être maintenue pour tout citoyen majeur ayant un état, ou un établissement, ou un revenu quelconque.

La taxe des portes et fenêtres doit être progressive : c'est ainsi qu'a été réglé le dernier tarif : peu de modifications doivent y être apportées.

La contribution mobilière au contraire, qui est précisément un supplément d'impôt demandé au riche, doit atteindre toutes les facultés du contribuable; elle doit être établie en raison directe de ses ressources réelles et en raison inverse de ses charges de famille.

Ce principe n'est pas une innovation; il existe dans l'arrêté du gouvernement du 24 floréal an VIII, confirmé par les lois du 21 avril 1832, art. 29, § 2, et 17 août 1835, art. 2, § 5. Il y est dit que la contribution mobilière à laquelle avait été jointe la somptuaire, serait répartie *proportionnellement aux facultés des contribuables.* Cette prescription, renouvelée aujourd'hui par la Constitution, existait dans toutes les chartes et constitutions françaises promulguées depuis 1789. M. Humann la rappelait dans son rapport fait à la chambre des députés en 1832, où l'on trouve la phrase suivante : « Pour celle-ci (la contribution mobilière) » les répartiteurs sont autorisés à apprécier la situation des familles et » non pas seulement les valeurs locatives. » (Moniteur du 4 février 1832, page 347.)

Mais ce principe, posé dans nos anciennes lois, n'a pas reçu jusqu'ici son application, ou du moins elle n'a eu lieu que partiellement et arbitrairement, sans que le gouvernement en ait jamais organisé l'exécution. L'administration des contributions directes se bornait, pour plus de facilité, à asseoir l'impôt mobilier sur les valeurs locatives des habitations : elle avait pensé, sans doute, que le loyer était un signe indicatif des fortunes, et qu'en suivant uniquement cette base, elle satisferait à la loi. C'est une grande erreur : le loyer d'habitation n'est pas toujours proportionnel à la fortune : le capitaliste parcimonieux, qui n'exerce aucune industrie, se loge dans un quartier retiré où les loyers sont peu coûteux, tandis que l'ouvrier, qui n'a que son travail pour nourrir sa famille, est obligé d'habiter les quartiers les plus commerçants et par conséquent les plus chers : Equitablement celui-ci ne doit point supporter de mobilière, puisqu'elle a pour objet d'atteindre les facultés indépendantes du travail et de faire payer un supplément d'impôt aux riches; et cependant, en prenant pour base unique les valeurs locatives, on imposerait l'industriel ou le travailleur d'une somme plus élevée que le riche n'ayant qu'un modeste loyer en ville ou résidant à la campagne.

Enfin le moment est venu, je crois, de faire, en matière de contribution, l'application des principes démocratiques, et d'adopter, à ces fins, des bases de répartition qui les consacrent : C'est dans ces vues que je propose la formule offerte par le tableau suivant : elle est applicable à toutes les positions sociales et établit la proportion désirable, prescrite par l'article 15 de la Constitution.

BASES DE L'IMPOT PROPORTIONNEL AUX FACULTÉS ou CONTRIBUTION MOBILIÈRE.

Numéros d'ordre.	NOMS DES CONTRIBUABLES.	POSITION DES FAMILLES. — DÉSIGNATION des Enfants, Vieillards ou Infirmes à leur charge.	ÉLÉMENTS.											BASES DE RÉPARTITION ou nombres proportionnels aux facultés.	Contribution mobilière ou	OBSERVATIONS.
			REVENU cadastral.	Rapport du revenu cadastral avec le revenu réel.	REVENU réel foncier.	A DÉDUIRE 1/5 pour la contribution foncière.	RESTE net.	REVENUS mobiliers divers.	TOTAL.	VALEUR locative.	DIVIDENDE. formé DU PRODUIT des deux précédentes colonnes.	Diviseur Nombre de personnes à la charge du contribuable.	QUOTIENT des deux précédentes colonnes en négligeant les 5 derniers chiffres à droite, augmenté de moitié en sus pour les célibataires de plus de 50 ans.	Impôt proportionnel fixé chaque année par la loi. Elle est supposée ici de 1/5.	
1	2	3	4	5	6	7	8	9	10	11	12	13	14	15	
			F.		F.	F.	F.	F.	F.	F.				F.	Dans toutes les colonnes on a négligé les centimes pour simplifier l'exemple.
1	A	marié, 2 enfants	600	2/3	900	180	720	1000	1720	500	860,000	4	215	43	
2	B	id. 4 enfants	500	1/3	900	180	720	1000	1720	500	860,000	6	143	29	Par le même motif on a choisi des nombres ronds et uniformes.
3	C	id. 4 enfants 1 vieillard 1 infirme	675	3/4	900	180	720	1000	1720	500	860,000	8	107	24	Un même revenu foncier.
4	D	célibataire de plus de 50 ans	450	1/2	900	180	720	1000	1720	500	860,000	1	860 450 } 1290	258	Un même revenu mobilier. Une même valeur locative pour les cinq premiers contribuables.
5	E	communauté 12 personnes.	540	5/3	900	180	720	1000	1720	500	860,000	12	72	14	
6	F	ouvrier marié 4 enfants.	»	»	»	»	»	»	»	500	»	6	»	»	On a supposé ces six contribuables dans des communes différentes où les évaluations cadastrales ne sont pas également affaiblies.

4.

EXPLICATION SOMMAIRE DE CE TABLEAU.

—

La 4ᵉ colonne indique le revenu extrait de la matrice cadastrale.

La 5ᵉ fait voir de combien le revenu cadastral a été affaibli à l'époque de l'expertise, c'est-à-dire que pour le contribuable A, le tableau de classification de sa commune constate un affaiblissement d'un tiers, d'où le revenu cadastral n'est que les $\frac{2}{3}$ du revenu réel, ainsi des autres.

La 6ᵉ représente le revenu réel foncier calculé sur les données des 4ᵉ et 5ᵉ colonnes.

La 7ᵉ la contribution foncière assise sur la propriété et qu'il est juste de déduire, parce que la partie du revenu qui n'appartient pas au propriétaire ne peut pas concourir à faire régler sa taxe proportionnelle supplémentaire.

La 8ᵉ ce qui reste net au contribuable sur le revenu de sa propriété.

La 9ᵉ comprendra tous les revenus mobiliers additionnés, tels que rentes sur particuliers ou sur la nation, intérêts de prêts d'argent, dividendes d'actions, bénéfices industriels réalisés, traitements, pensions et autres revenus, déduction faite des intérêts sur les dettes légales.

La 10ᵉ offre le revenu total de chaque contribuable.

La 11ᵉ la valeur locative de sa maison d'habitation.

La 12ᵉ le produit du revenu par la valeur locative.

La 13ᵉ le nombre de personnes à sa charge, tels que femmes, enfants non établis séparément et ne produisant rien encore par leur travail, vieillards et infirmes.

La 14ᵉ représente le quotient de la 12ᵉ colonne divisée par la 13ᵉ, réduit au millième en supprimant 3 chiffres sur la droite, et augmenté de moitié en sus pour les célibataires de plus de 30 ans. Cette augmentation est prescrite par la loi organique de la contribution personnelle et mobilière, mais n'a peut-être jamais été exécutée.

La 15ᵉ enfin désigne la part contributive de chacun dans l'impôt proportionnel, réglé chaque année par la loi des finances, au $\frac{1}{5}$, au $\frac{1}{10}$ par exemple des *nombres proportionnels aux facultés*, suivant les besoins de la République.

Le recensement des éléments indiqués ci-dessus serait fait par les répartiteurs de la commune, assistés du contrôleur des contributions directes : celui-ci serait chargé de faire les calculs et de rédiger la matrice de rôle.

Pour opérer successivement les mutations, les contrôleurs recueilleraient chaque année, les nouveaux éléments de répartition, soit dans les communes, soit auprès du receveur de l'enregistrement, soit ailleurs, et mettraient ainsi les répartiteurs à même d'opérer des changements ou mutations avec connaissance de cause.

Il importe de choisir des répartiteurs honnêtes, éclairés, connaissant bien la commune, et de ne pas les prendre parmi les plus riches. Leur mission est délicate. Dans quelques circonstances, bien rares sans doute, ils auront à apprécier les facultés d'un contribuable qui se dérobent à leur connaissance, quoique notoires, et ils devront prononcer.

Les réclamations contre cette répartition s'instruiront et se jugeront de conformité à l'arrêté du gouvernement du 24 floréal an VIII.

Observation essentielle. Dans le système de répartition de la contribution mobilière suivi actuellement, les six contribuables désignés ci-dessus ayant tous une même valeur locative, paieraient une égale mobilière, ce qui n'est pas juste, puisqu'ils ne sont pas également riches ; et les cinq premiers, ayant tous même revenu pour chaque famille, seraient taxés au même taux d'après le projet de loi d'impôt sur les revenus mobiliers, présenté à l'assemblée nationale le 23 août dernier, ce qui ne serait pas du tout proportionnel à leurs facultés, et serait, par conséquent, contraire au principe de la Constitution et injuste. Il faut pourtant rendre justice au sentiment qui a dicté ce projet de loi ; c'est un pas fait vers la proportionnalité ; c'est l'intention d'y arriver ; mais il ne l'atteint pas comme la formule du tableau ci-dessus, dans lequel on voit que la cotisation des cinq premiers varie suivant leurs facultés réelles, de 14 fr. à 258 fr., et que le 6ᵉ, qui ne possède que son travail, n'en paie point. Qu'on ne dise pas que ces différences de cote sont trop fortes, car pour le célibataire, n° 4, il lui reste pour lui seul 1,462 fr. de revenu, tandis que pour la famille, n° 1, chaque membre ne conserve que 419 fr. ; et pour le n° 5 que 142 fr., ainsi des autres qui sont compris entre ces deux limites. Quant à l'ouvrier chargé de famille, qui n'a d'autre moyen pour la nourrir que le produit de son travail à peine suffisant, on ne doit lui demander aucune contribution. L'humanité l'exige.

L'impôt proportionnel aux facultés doit donc se calculer en raison directe des facultés réunies et en raison inverse des charges de famille; et l'application de ce principe s'effectue en multipliant le revenu net par la valeur locative, et en divisant par le nombre de membres dont se compose la famille : telle est la formule géométrique de l'impôt proportionnel que je propose à l'Assemblée nationale. On ne pourrait entendre autrement, sans injustice, l'application de l'article 15 de la Constitution.

FORMULE PROPOSÉE.

Je vais maintenant indiquer, dans cette courte esquisse, citoyens Représentants, les diverses ressources qui s'offrent d'elles-mêmes à la nation, sans fatiguer les contribuables, et qu'une bonne administration me semble devoir adopter. J'ose espérer que chacun ne verra dans ces propositions, que mon désir d'être utile à ma patrie.

5.
Emprunts négociables à éviter.

Je pose d'abord, en principe, qu'il faut renoncer aux emprunts négociables livrés à de riches compagnies financières : ils sont trop onéreux à la nation, ils ne profitent qu'aux riches prêteurs, qui engagent une foule de modestes spéculateurs, sur qui ils trouvent moyen de faire tomber toutes les pertes s'il y en a, et qui savent conserver pour eux les profits quand l'affaire est bonne. Il est temps que ces intrigues cessent. Favoriser ces compagnies, ces grandes agglomérations de capitaux, ce serait suivre le système du gouvernement déchu, ce serait imiter l'Angleterre, où elles ont produit quelques fortunes scandaleuses et la misère pour les masses. Nous n'avons donc pas à craindre que le gouvernement de la République démocratique suive jamais de tels exemples, qui conduisent à l'aristocratie, qui exposent le gouvernement, lorsqu'il a besoin d'argent, à subir les conditions de ces riches compagnies.

6.
Contributions indirectes.
Boissons. — Octrois.

Les contributions indirectes devront subir quelques modifications, lorsque la situation du trésor le permettra : diminution du droit sur les boissons; diminution du droit d'octroi à l'entrée des villes sur les objets de consommation de première nécessité, et addition de droits sur la volaille, le gibier et le poisson, qui ne sont tariffés presque nulle part.

7.
Tabacs.

La nation doit continuer à exploiter les manufactures de tabac et maintenir les prix actuels. Le trésor ne pourrait se passer d'un tel produit.

Les salines, dont une grande partie appartient à l'Etat, devraient de même être exploitées au profit de la nation. Le prix de revient du quintal métrique est, pour les salines de la méditerranée, de 50 centimes seulement, et cependant on le paie, dans le commerce, de 36 à 40 fr. Les exploitants gagnent 8 à 10 fr. par quintal métrique. Cette exploitation, réservée au gouvernement, lui fournirait des ressources considérables, même en réduisant l'impôt à 10 fr. les 100 kilogrammes, parce qu'alors il ne reviendrait qu'à 15 fr. aux consommateurs, et qu'il s'en vendrait le double. Le trésor ne perdrait rien de ses recettes.

Diminuer l'impôt actuel du sel et laisser l'exploitation des salines aux particuliers, c'est perdre une partie de ses ressources sans en faire profiter les consommateurs. Tous les propriétaires des salines de France se sont associés en 1846, en vue d'obtenir la diminution de l'impôt établi sur cette denrée, et d'en faire leur profit; les plus riches banquiers de France sont entrés dans cette société, qui médite un pacte social avec l'Allemagne pour pouvoir exercer le monopole, et si l'Assemblée ou le Pouvoir exécutif n'intervient pas, le trésor perdra une partie de ses ressources et les citoyens seront rençonnés.

Il faut remarquer que cet impôt pèse sur le peuple et non sur les riches; ceux-ci n'en consomment que sur leur table, tandis que le cultivateur en emploie de plus pour saler des viandes et nourrir ses bestiaux; pendant que le riche dépense 5 fr. en sel, le cultivateur en emploie pour 50 ou 80 fr. Il est donc très-urgent de réduire le prix du sel de moitié au moins, et d'exploiter les salines au compte de la nation, afin que cette ressource ne soit pas pour elle diminuée.

Le transport des lettres constitue un service public, dont les bénéfices forment une branche des revenus de la nation. Il était juste que le port des lettres fût proportionnel aux frais de transport : une lettre coûte plus pour être trsnportée à 200 lieues qu'à 4 lieues; pourquoi donc une taxe unique? Quel en sera le résultat? De diminuer considérablement cette ressource du trésor pendant plusieurs années, et dans un moment où il a tant besoin d'argent. Qui en profitera? Les riches, les banquiers, les sociétés de financiers. En effet, telle maison de commerce qui payait pour 10, 15 ou 20 mille francs de port de lettres, n'en paiera plus que le tiers environ; elle gagnera donc quelques beaux milliers de francs; mais le peuple, dont chaque citoyen n'en payait que pour 2 ou 3 fr. annuellement, n'y trouvera qu'un bénéfice insignifiant d'un à deux francs. Je regrette que la taxe unique ait été adoptée.......

10.

Chemins de fer.

Routes. — Canaux publics. Rivières.

À ce service devrait se joindre l'exploitation exclusive, pour le compte du gouvernement, des services réguliers de diligences sur les chemins de fer, routes, canaux publics et rivières. Pourquoi l'abandonner aux particuliers, aux sociétés de capitalistes, au lieu de la réserver à la nation, qui en profiterait? Le prix des diligences serait alors proportionnel aux distances et uniforme sur toutes les routes : nous ne verrions plus ces variations de la concurrence, ces mauvaises voitures, ces nombreuses irrégularités que présentent des services mal organisés, une grande entreprise en ruiner une petite etc., etc. Nous avons vu, il y a deux ans, à l'époque de la disette de grains, la société des paquebots du Rhône spéculant sur la misère publique, faire payer 15 fr. par quintal métrique le transport des blés d'Arles à Lyon, ce qui ne coûte ordinairement que 3 fr. 50 c. : un tel égoïsme ne se montrerait plus, et la société jouirait doublement du produit de ces propriétés publiques.

11.

Assurances contre l'Incendie.

De nombreuses sociétés se sont formées pour prélever l'impôt des assurances contre l'incendie, et elles y font des profits considérables. Est-il convenable de laisser établir par des sociétés un pareil impôt sur les maisons? À la vérité il est facultatif et partiel; mais la nécessité le généralise et le perpétue : c'est réellement une puissance qui s'élève dans la nation, en contravention aux lois de finances, qui interdisent tout impôt non autorisé par la loi. Cette puissance peut devenir formidable par la réunion des sociétés : déjà il existe une solidarité entre elles pour l'assurance des grands établissements. La nation, en régularisant ce service important, trouverait encore ici une grande ressource. L'assurance serait obligatoire pour toutes les propriétés bâties, et facultative pour le mobilier. Les citoyens y trouveraient économie et sécurité.

Il n'y a pas de différence entre l'impôt des assurances contre l'incendie et ceux perçus par le trésor : le premier est consenti individuellement par les citoyens, et les autres par leurs mandataires réunis, délibérant sur les besoins de la société : ceux-ci ont le pouvoir de les régler et de les limiter; et aucun autre impôt, non autorisé par la loi, ne peut être ni consenti ni perçu par les particuliers : cet abus doit cesser, et le prix des assurances doit être perçu au profit de la nation.

Je ferai observer aux personnes attachées à ces divers établissements, que leurs emplois pourraient leur être conservés : ils acquéraient même alors un caractère public qu'ils n'ont pas actuellement et qui leur assurerait une retraite. Les possesseurs seraient indemnisés comme je l'indique à l'article, *Liquidation de la dette*. Lors de notre première révolution, on a supprimé sans indemnité toutes les féodalités : la restauration n'a pas eu la même mansuétude que la République de février, car elle a réformé des institutions, destitué tous les fonctionnaires, méconnu des droits acquis, et fait périr un grand nombre de libéraux. La République n'imitera pas cet horrible système, mais elle doit faire cesser les abus, les nouvelles féodalités ; sauf à indemniser ceux dont les intérêts légitimes pourraient en souffrir.

12.

Enregistrement.

Toutes les valeurs privées, telles que lettres de change, billets etc., devraient être sur papier timbré et enregistrés dans un *certain délai*, sous peine d'une forte amende, et de ne pouvoir exercer aucune poursuite en paiement devant les tribunaux.

13.

Chasse.

Les permis de chasse devraient être supprimés : chacun doit avoir le droit de chasser sur son sol ; mais le prix de la poudre de chasse devrait être doublé ou triplé, ce qui compenserait, et au delà, la perte du prix des permis et diminuerait beaucoup le nombre des braconniers qui chassent sans permission. Les dommages causés aux récoltes d'autrui par les chasseurs seraient constatés par des procès-verbaux des agents de la force publique, et punis d'une forte amende, doublée en cas de récidive.

14.

Commerce.

Le commerce dans toutes ses variétés, l'industrie métallurgique et manufacturière et les arts mécaniques ne doivent jamais être exploités par le gouvernement. Ce sont des propriétés privées, fruit de l'intelligence et du génie ; ce sont des établissements productifs qu'il faut respecter. Ils ne reposent pas, comme ceux désignés plus haut, soit sur le sol public, soit sur un système d'impôts en dehors du vote législatif.

15.

Organisation du travail.

Je comprends l'organisation du travail, mais seulement dans la grande industrie. L'association des patrons et des ouvriers, et la réunion de plusieurs sociétés pour une même industrie. Cette grande association productive ne pourrait-elle pas s'établir comme il suit ?

On représenterait le capital par un certain nombre d'unités : le talent et le travail seraient également évalués en unités : on paierait chaque semaine aux ouvriers un minimum suffisant pour leur nourriture, et, chaque année, l'intérêt du capital : ce qui resterait sur les profits se répartirait annuellement entre toutes les unités de toutes les maisons qui seraient entrées dans l'association. Les profits ainsi divisés, la concurrence anéantie, on ne verrait plus une maison amasser rapidement des millions, un autre se ruiner, et les ouvriers dans la misère — Il n'y aurait plus, parmi ces maisons, de banqueroute possible. — Mais on aurait à garantir le public du monopole et à procurer des débouchés aux marchandises fabriquées. Ici l'action du gouvernement deviendrait nécessaire. Il placerait un commissaire auprès de chaque grand centre d'industrie, pour constater le prix de revient et fixer le maximun de la vente, de conformité à la loi qui en aurait posé les bases et les conditions. Le gouvernement donnerait des instructions à ses ambassadeurs pour protéger la négociation, à l'étranger, du placement des marchandises.

C'est le travail, l'intelligence et le génie des ouvriers qui produisent ces grandes fortunes dont jouissent seuls les capitalistes; il est juste, il est temps d'arrêter cette aristocratie des capitaux, et d'améliorer le sort des ouvriers : l'organisation du travail doit donc être protégée et fortement excitée par le gouvernement. Il conviendrait même de poser dans la loi les bases de cette organisation.

Il faut considérer aussi qu'en donnant satisfaction aux travailleurs, à cette portion si intéressante de la société, on ôtera de leur esprit ces idées de communisme, subversives de l'ordre social, que le besoin de sortir de la misère leur fait concevoir et adopter avant de les avoir appréciées.

Je livre ces premières idées à la sagesse des hommes compétents, et je prie l'Assemblée nationale de vouloir bien les examiner d'une manière spéciale.

16.

Agriculture.

Le travail agricole a reçu l'organisation qui lui convient par les fermages et les grangeages à moitié fruit, avec condition pour les fermiers d'une diminution de prix proportionnelle aux pertes pour cas fortuits. Le cultivateur tient des domestiques pour faire les travaux; ceux-ci sont bien rétribués et ne sont pas les ouvriers les plus malheureux. Je ne vois pas que l'humanité réclame ici des changements à l'organisation actuelle.

Mais l'agriculture est susceptible de grands perfectionnements. Il semble aujourd'hui que ce soit un travail abject, le dernier de la société, parce qu'on peut labourer une terre sans avoir fait des études. Les travaux agricoles sont regardés comme le lot des ignorants, parce qu'ils sont livrés à des routines, à des préjugés traditionnels, et que dans leur ignorance ceux qui s'y livrent ne savent pas en sortir : il faut donc les instruire. La création de grandes fermes-modèles dans tous les départements, et peut-être même dans tous les arrondissements, où on enseignerait l'agriculture perfectionnée, attacherait les cultivateurs à leurs travaux, empêcherait cette émigration de la campagne à la ville, où l'ambition va chercher inutilement de plus grands bénéfices.

17.

Interdiction de la mendicité.

Le gouvernement en retirerait d'autres avantages. Il importe de mettre un terme à la mendicité. Ce n'est pas en rétablissant les dépôts de mendicité, où les mendiants se regardaient comme prisonniers forcés, et préféraient leur misère avec leur liberté. C'est en créant des maisons de secours, avec des ateliers pour les pauvres valides, et des infirmeries pour les malades, qu'on atteindrait ce but. Les fermes modèles pourraient remplir ce double objet, en ajoutant aux travaux agricoles des ateliers divers et des infirmeries. L'admission des pauvres de l'arrondissement serait de droit, mais purement facultative pour eux. A ces conditions on pourrait interdire la mendicité. Les personnes qui y seraient admises pourraient en sortir lorsqu'elles croiraient pouvoir trouver de plus grands avantages ailleurs, mais sous la condition de ne pas mendier; une repression sévère de la mendicité ferait observer cette condition, et les maisons de secours ou d'assistance seraient regardées par les pauvres comme une providence.

C'est une erreur de regarder ces établissements comme privant de travail les ouvriers de l'industrie particulière. Les travailleurs des maisons de secours ne confectionnant d'ailleurs que les objets les plus infimes du commerce, enlèveraient bien aux autres ouvriers, s'ils étaient occupés chez eux ou dans les manufactures, une partie du travail qu'ils prétendent leur être dévolu; mais s'il y a, dans ce cas, de l'ouvrage pour tous, les ouvriers auraient tort de se plaindre de ce que les indigents en feraient une partie dans les ateliers publics. D'ailleurs, tout le monde n'a-t-il pas le droit de vivre en travaillant? Et n'est-ce pas un devoir pour la société de veiller à ce que les nécessiteux aient un travail continu? L'humanité dont la solidarité est une conséquence, milite en faveur des établissements que je propose.

Le gouvernement ne tarderait pas à trouver, dans le travail des maisons de secours, les frais d'entretien de ces maisons. L'instruction professionnelle qu'acquerraient des hommes malheureux, les mettrait dans le cas, lorsqu'ils en sortiraient, de se créer une position dans la société, et on verrait ainsi diminuer le nombre des pauvres et remplir les vues de l'humanité, tandis que la charité publique, en argent ou en denrées, dans les limites où on peut la faire, augmente le nombre des pauvres, et devient un encouragement indirect à la paresse.

18.

Instruction publique.

L'instruction publique doit être gratuite dans tous ses degrés depuis l'école primaire jusqu'aux écoles normales et polytechniques : je n'en excepte que certaines écoles professionnelles, comme celles de droit et de médecine. L'admission dans les écoles se réglerait ainsi : l'instituteur primaire tiendrait note des enfants intelligents qui feraient des progrès: ceux-ci seraient admis à un examen; et si on leur reconnaissait une aptitude suffisante, ils seraient placés dans les écoles secondaires, et passeraient, selon leur mérite, de celles-ci, dans les écoles supérieures et d'application. C'est le moyen de développer toutes les capacités et de les faire profiter à la société; les intelligences bornées, les paresseux qui n'auraient pas été admis dans les examens rentreraient dans leurs foyers.

Les instituteurs primaires qui se dévouent à l'enseignement, pour lequel il faut une instruction spéciale et un courage de patience, doivent trouver, dans leur profession, considération et aisance; il convient de leur donner un traitement fixe, raisonnable, payé par le gouvernement, et de ne laisser à la charge des communes que le logement : il est juste aussi de leur assurer une retraite ainsi qu'à leurs veuves.

19.

Remplacement militaire.

On ne peut qu'applaudir à la proposition, contenue au projet de constitution, d'interdire les remplacements militaires. Il est juste que tous les conscrits appelés se rendent sous les drapeaux; mais après un certain temps de présence, et dans le cas où les circonstances permettraient de délivrer des congés, ne serait-il pas raisonnable que ceux qui seraient réclamés par leurs familles, comme nécessaires, pussent s'affranchir du service militaire à un prix d'argent, et de leur faire payer, dans ce cas, une indemnité égale à six mois de revenu, par exemple, pour les plus riches, en diminuant progressivement le prix pour ceux moins riches, de un jusqu'à six mois de leur revenu, de façon que le fils de l'ouvrier sans fortune pourrait rentrer dans sa famille sans rien payer, lorsqu'il serait reconnu qu'il lui est indipensable?

L'armée trouverait, dans le rachat du service, des ressources pour retenir au corps ceux qui, ayant fait leur temps, désireraient prolonger leur carrière militaire.

Cette progression décroissante pour le prix des congés me paraît tout-à-fait juste et conforme à la loi, qui veut que toutes les charges publiques soient supportées par tous les citoyens, dans la proportion de leur fortune. En effet, le riche et le pauvre, en envoyant chacun un homme à l'armée, fournissent autant l'un que l'autre : ils ne contribuent pas au recrutement dans la proportion de leurs ressources. La loi ne reçoit pas ici sa juste application. Il faut, au moins, que celui qui rachète quelques années de service militaire les paye dans la proportion de sa fortune.

20.

Fonds commun pour les communes.

Centralisation.

En toutes choses le riche doit venir au secours du pauvre; c'est une pratique de la solidarité, c'est l'exécution de la loi d'humanité. Les impositions communales, pour faire face aux dépenses extraordinaires des communes, écrasent celles qui sont pauvres et sont légères pour les autres. Un fonds commun auquel toutes contribueraient, dans la proportion de leurs richesses, serait une chose juste : je suis d'avis qu'il fant le créer. Les villes et les départements riches se sont seuls opposés à la centralisation, parce qu'ils apportaient à la masse plus qu'ils n'y prenaient : leurs réclamations à cet égard étaient dictées par l'égoïsme. Le fonds commun est ce qu'il y a de plus raisonnable : il y a donc lieu, pour l'établir, de réunir au budget des recettes nationales une somme égale au produit de tous les centimes votés par les communes et les départements, pour divers services locaux, ce qui s'effectuerait en imposant suffisamment de centimes additionnels à la foncière, mobilière, portes et fenêtres et patentes, pour obtenir la même somme, et le fonds commun serait constitué. Sa distribution entre les communes se ferait sur l'état des besoins réels des communes.

21.

Politique. — Guerre.

Alliance.

La force de la République est dans l'alliance des Peuples. La France doit secourir les peuples d'Italie et d'Allemagne, impatients de secouer le joug des princes, et d'ériger leur pays en République. Toutes les aristocraties de l'Europe doivent tomber; l'aristocratie financière de l'Angleterre aura son tour; elle disparaîtra pour faire place à la démocratie. Tel sera le résultat des secours efficaces que nous fournirons aux peuples d'Italie et d'Allemagne : aucun sacrifice ne doit arrêter la France pour atteindre ce but; elle doit accomplir sa mission divine; c'est le moyen d'atterrer les ennemis de la République à l'intérieur et à l'extérieur. Il ne faut pas perdre de vue que la guerre à nos principes démocratiques est résolue *in petto* par les despotes du nord, et qu'ils ne feront semblant de vouloir la paix que pour attendre que des dissentions éclatent parmi nous, et que le moment favorable de nous écraser soit venu. Notre irrésolution au sujet de l'intervention en Italie est la seule cause des diverses trames que les partis ourdissent contre la République.

22.

Circulation des capitaux.

Banques départementales.

Notre ennemi le plus redoutable aujourd'hui c'est le capital qui se cache. L'Assemblée nationale prendra sûrement des mesures vigoureuses pour le faire sortir, non pour en dépouiller ses possesseurs, mais pour les obliger à le prêter, en partie, à la République, contre une inscription de rente, ou pour le faire circuler.

Je pense que la mesure qui produirait ce dernier résultat serait la création de banques départementales en relation entre elles et avec la banque de France, pour la circulation et le remboursement à vue des billets dans tous les départements. L'émission des billets pourrait être triple au moins de la somme en numéraire sur laquelle le gouvernement les fonderait. En prêtant au commerce et aux particuliers à 4 p. %, le produit de la circulation des billets arriverait à environ 10 p. % du fonds de garantie, et la nation y trouverait un bénéfice important qui concourrait à soulager les contribuables. Le secours accordé au commerce, tout en faisant bénéficier la République, lui rendrait son activité ordinaire, et tendrait à rétablir le crédit et la confiance.

Les billets de banque, dans les hypothèses qui viennent d'être posées, seraient recherchés et ne présenteraient pas les même inconvénients que les bons hypothécaires proposés, qui gêneraient la mutation des propriétés, et exposeraient à de nombreuses expropriations.

23.

Liquidation de la dette.

Le régime déchu a légué à la République un déficit considérable; je pense qu'il devrait être liquidé et payé en inscriptions de rentes au cours, ce qui le ferait disparaître des budgets et des comptes : c'est ainsi qu'on a procédé en 1845 à l'égard des créanciers de l'Empire, à qui on remettait des valeurs convertissables en rentes.

On traiterait de même tous les actionnaires et employés, à qui on devrait des indemnités ou des remboursements, à raison de la cessation de leurs établissements, qui seraient passés dans les mains de la nation.

On parviendrait, de la sorte, à liquider promptement tout ce qui est dû ; il ne resterait à payer que des intérêts diminués chaque année par l'amortissement.

24.
Résultats.

Les ressources indiquées ci-dessus, que la nation peut s'approprier, tout en faisant une juste répartition des charges publiques, donneraient au trésor quelques centaines de millions.

Les modes d'organisation indiqués, donneraient satisfaction aux intérêts démocratiques et atteindraient, autant que possible, le but de régénération sociale qu'on s'est proposé, en faisant la révolution de février.

Valence, le 5 octobre 1848.

Salut, fraternité et respect.

DEL'HORME,

Conseiller de préfecture de la Drôme, membre de la société
d'agriculture, sciences, arts et commerce du Puy.

Valence, imp. de J. Marc Aurel.

www.ingramcontent.com/pod-product-compliance
Lightning Source LLC
Chambersburg PA
CBHW051220050726
47594CB00007B/3301